schwarz

weise

gedichte

Christian
Schomers

FSC
www.fsc.org
MIX
Papier aus ver-
antwortungsvollen
Quellen
Paper from
responsible sources
FSC® C105338

Herstellung und Verlag:
BoD - Books on Demand, Norderstedt
ISBN 978-3-7448-1695-3

Das Leben

ist kein Pappenstiel

LIED DES PESSIMISTEN

Moderne Psychotherapeuten
empfehlen heute allen Leuten
Erfolg durch positives Denken.
Ich will mein Hirn doch nicht verrenken!

Ich nehm das Leben, scheußlich wie es ist.
Ich bin mit Leib und Seele Pessimist.
Ich kommentiere jeden Frust
vergnügt: Ich hab's ja gleich gewusst!

Ein Arzt macht dem Patienten Mut:
"Es wird schon alles wieder gut."
Fragt lieber mich. Ich sage immer:
"Wart's ab, es kommt bestimmt noch schlimmer!"

Ich denk am liebsten negativ.
Was schief geh'n kann, das geht auch schief.
Ich sitz' ich gemütlich hinterm Ofen
und freue mich auf Katastrophen.

Kaum schlage ich die Zeitung auf,
bin ich schon wieder prächtig drauf.
Inferno auf der Autobahn,
Tsunami, Hurrikan, Vulkan.

Ob Attentat, ob Flächenbrand -
Tragödien sind amüsant.
Am liebsten seh ich Tagesschau.
Ich hör so gern vom Supergau.

Es gibt nur eine Art von Tagen,
die kann ich wirklich nicht ertragen.
Denn ist es mal so gar nicht schaurig,
so macht mich das ein bisschen traurig.

Kein Mensch wurd' weit und breit erstochen.
Nicht mal der kleinste Krieg ist ausgebrochen.
Kein Meteor fiel heut vom Himmel runter.
Schon wieder ging die Welt nicht unter!

Versteh'n Sie, dass das deprimierend ist?
Na, kein Problem für einen Pessimist!
Die Hoffnung gebe ich nicht auf. Ich sag:
"Geduld, auch morgen ist ja noch ein Tag!"

MORGENSTIMMUNG

Der Wecker nörgelt, bettelt, bellt,
weil er auf Pflichterfüllung hält.
Heute hat die Morgenstund'
eher Karies im Mund.

Frisch gewagt ist halb verloren.
Nein, ich lasse keinen bohren!
Mut allein reicht nicht zum Siegen.
Heute bleib ich besser liegen.

Lass ich mir den Tag vermasseln?
Nee, ich lass den Wecker rasseln,
drehe mich noch einmal um.
Heute kriegt mich keiner rum.

Ach, am Ende siegt der Wecker.
Wenig später duftet lecker
Kaffee unter weißem Schaum.

Lebewohl, du süßer Traum.
Ich muss los, leg du dich nieder.
Denk an mich, ich komme wieder.

FRÜHER WAR ALLES BESSER

Schlimmer wird es Tag für Tag.
Ohne jeden Zweifel
geht die gute alte Welt
Stück für Stück zum Teufel.

Früher war das Leben besser
und der Mensch noch weiser.
Wo es lang ging sagten ihm
Könige und Kaiser.
Früher ließen sich die Menschen
ohne Murren lenken.
Heutzutage wollen manche
sogar selber denken.

Früher gab's noch einen Gott,
den hatte man zu loben.
Jeder hatte seinen Platz.
Wer oben war, blieb oben.
Wer was andres glaubte,
den versuchte man zu taufen.
Wem das nicht gefiel, der kam
auf den Scheiterhaufen.

Früher war der Mann noch stark,
Frauen waren schwach,
Gut und Böse sonnenklar,
die Erde war noch flach.
Sie ruhte brav im Mittelpunkt,
doch dann kam Galilei.
Kolumbus stellte auf den Kopf
sein weltberühmtes Ei.

Aber war das Mittelalter
denn das einzig Wahre?
Gehen wir mal rückwärts,
etwa hunderttausend Jahre.
Alles war viel besser einst
im Neolithikum.
Die Stirn war flach,
der Mensch zufrieden,
wenn auch etwas dumm.

Da gab es noch kein Eigentum,
es gab nicht Mein und Dein.
Die Dinge gingen nie kaputt,
denn alles war aus Stein.
Da war kein Staat und kein Gesetz,
man zahlte keine Steuer.
Man jagte was sich jagen ließ
und grillte es am Feuer.

Man brauchte keinen Supermarkt,
die Höhlen waren billig.
Man hatte ständig frische Luft.
Die Frauen waren willig.
Man fing Forellen, suchte Pilze,
pflückte Beeren fleißig.
Und Rentensorgen gab es nicht -
man war schon tot mit dreißig.

Wie wunderbar es ist,
von der Vergangenheit zu träumen!
Noch besser als die Steinzeit
war das Leben auf den Bäumen.
Täglich gab's Bananen
von der allerbesten Sorte,
niemals Missverständnisse -
es fehlten ja die Worte.

Friedlich lauste man einander,
schwang sich ohne Hast
- Stress war völlig unbekannt -
im Wald von Ast zu Ast.
Die Natur war noch intakt,
der Alltag war noch bunter.
Mit der Menschheit geht es doch
seither den Bach herunter.

Wirklich glücklich war der Mensch
vor dem großen Knall.
Da bestand aus einem Punkt
das ganze Weltenall.
Es gab noch keine Zeit und auch
kein Geld um was zu kaufen.
Da war kein Raum, man konnte sich
noch nicht einmal verlaufen.

Seither ist allerhand passiert
und es verging die Zeit.
Heut ist das Leben kompliziert
und keiner weiß Bescheid.
Die Erde dreht sich jetzt so schnell,
dass einem schwindlig wird.
Man nennt das Fortschritt, doch vielleicht
hat man sich auch geirrt.

Menschen gibt's milliardenfach.
Jeder schnauft und schwitzt
und hofft, dass dann beim nächsten Knall
er selbst im Trocknen sitzt.
Nimm es mit Gelassenheit.
Bleib gesund und munter.
Geht's auch mit der Welt bergab -
sie geht nur selten unter.

KLAVIERPÄDAGOGIK
*(Disclaimer: Jegliche Ähnlichkeiten mit
lebenden Personen sind rein zufällig!)*

Wie höflich und wie wohlerzogen
sind doch moderne Pädagogen!
Sie pauken nicht, sie informieren,
sie schimpfen nicht, sie motivieren.
Ein Pädagoge mit Geschick
enthält sich jeglicher Kritik.

Es bringt nichts, wenn man kritisiert.
"Das Blättern hat ja funktioniert"
so sage ich, "Du triffst auch schon
den einen oder andern Ton."

Auch Martha lobe ich: "Dein Forte
ist wirklich stark. Mir fehl'n die Worte."
Verspielt sich Paul zum zehnten Mal,
ruf ich: "Die Pausen: genial!

Was soll man mühsam diskutieren,
wenn Schüler Kreuze ignorieren?
"René, wenn man das Fis nicht meistert,
ist Mozart aber nicht begeistert."
Er meint: "Da hat es keine Not.
Der Kerl ist doch schon lange tot."

Sie spielen manchmal etwas schief,
doch sind sie äußerst kreativ,
erklären mir mit tausend Gründen
warum sie nie zum Üben finden.

"Ich hab das Be nicht mehr gefunden."
"Im Staub ist mein Klavier verschwunden."
"Ich hätt' das Üben nie vergessen.
Die Noten hat der Hund gefressen."
"Ich konnte gar nicht üben, echt.
Von meinen Fehlern wurd' mir schlecht."

"Und meine Oma wurde achtzig."
Erstaunlich! Diese Dame macht sich.
Das ist ja überaus erfreulich.
Denn siebzig wurde sie erst neulich.

Wie höflich und wie wohlerzogen
sind doch moderne Pädagogen!
Ein Lehrer muss geduldig sein,
sonst unterrichtet er allein.

KURZGEFASSTER LEBENSLAUF

Ich halte mich an die Devise:
Das Leben ist nur eine Krise.

Ist die Nabelschnur durchschnitten,
hat man schon genug erlitten.
Freundlich wird man zwar gestillt,
doch Blähungen, die machen wild.

Und schon bald hat man zu stöhnen:
Ärger mit den ersten Zähnen.
Der Weg ins Leben, sei'n wir ehrlich,
ist von Anfang an beschwerlich.

Wer glaubt, dass es dann besser wird,
bloß weil man wächst, hat sich geirrt.
Im Trotzes Alter geht's ums Wollen.
Die Eltern tun nicht, was sie sollen.

Schon bald sitzt man im Kindergarten
und kann die Schule kaum erwarten.
Ist sie dann da, wird man gehetzt,
und nur mit knapper Not versetzt.

Zum Spielen ist es jetzt zu spät,
denn schon beginnt die Pubertät.
Es regen sich die zarten Triebe,
es schmerzt so manche große Liebe.

Und hat man endlich was gefunden,
und sich in Ewigkeit gebunden,
dann fühlt man sich schon wieder jung,
probiert mal einen Seitensprung.

Das tut der Ehe nicht so gut,
und seufzend nimmt man seinen Hut.
Nur wenig später dann, man weiß es,
die berühmte Midlife Crisis.

Da ist man ständig unzufrieden,
man möchte neue Pläne schmieden.
Dann aber fühlt man sich zu schlapp
und jammert nur: Der Bart ist ab.

Und wenn die morschen Knochen zwicken,
und wenn die Eingeweide drücken,
und wenn man unters Messer gar gerät,
erhöht das nicht die Lebensqualität.

Immer schneller rennt die Zeit.
Der Ruhestand ist nicht mehr weit.
Rente gibt es auch nicht viel,
langsam wird man dann senil,

kümmert sich nicht mehr ums Essen.
hat das Meiste längst vergessen,
Und wer's noch kann, fragt sich verwundert:
„Wie bitte? Ich werd' heute hundert?"

Ich halte mich an die Devise:
Das Leben ist nur eine Krise.
Und wer von Krisen was versteht,
der weiß, dass jede mal vergeht.

WINTERBLUES

Die Tropfen tröpfeln munter,
die Blätter werden bunter,
die Birnen fallen runter.

Der Niesel nieselt heftiger,
die Winde wehen kräftiger,
die Schnupfen werden deftiger.

Die Wälder werden lichter,
die Wolken werden dichter
und mürrisch die Gesichter.

Ein Weiser, wer sich jetzt verkriecht
und schläft – bis er den Frühling riecht.

WEIHNACHTSBLUES

Die Engel singen seit zweitausend Jahren
Frieden den Menschen auf Erden.
Obwohl sie beim Singen so fleißig waren,
will's mit dem Frieden nichts werden.

Da liegt das Kindelein im Stall
wie schon in alten Zeiten
und wundert sich, dass überall
die Menschen lieber streiten.

Sie zanken, und sie zanken gern,
sogar bei Kerzenschein.
Und strahlt auch hell der Weihnachtsstern,
sie bleiben Eselein.

Die Könige sind abgeschafft
und es regiert das Gold.
Man predigt Wirtschaftswunderkraft
und lächelt dabei hold.

Die Erde geht den alten Gang
und wird und wird nicht neu.
Es steht der Ochse stundenlang
und kaut an seinem Heu.

POSTHUM

Ich gebe zu: ich bin nicht fromm.
Und dass ich in den Himmel komm,
ist eher unwahrscheinlich.
Es wäre mir auch peinlich,
wär ich alleine auserkoren
und meine Freunde müssten schmoren.

Doch an den Herrgott hätt' ich Fragen
Nein, keine Angst, ich will klagen.
Das Leben ist dahingeflogen.
Ich hab' das große Los gezogen.

Ich war die meiste Zeit gesund.
Ich fiel in keinen Höllenschlund.
Ich konnte lernen, lieben, lachen,
Kluges tun und Fehler machen.
Ich hatte dies und das zu geben
und eine Menge Spaß am Leben.

Ein heller Kopf, ein waches Herz,
ein bisschen Glück, ein bisschen Schmerz.
Verlieren durfte ich und siegen.
Die Mischung war gediegen.

Kopfnüsse

und Mandelkern

DER OHRWURM
(Gruß an Herwig Rutt)

Neulich kroch beim Komponier'n
mir ein Ohrwurm ins Gehirn,
drehte dort für viele Stunden
unablässig seine Runden.

Lang hab' ich ihm zugehört.
„Wurm", so sage ich, „das stört!
Du verstehst wohl, dass ich mecker.
Wurm, du gehst mir auf den Wecker!"

"Aber hör mal, es sind schöne
und so angenehme Töne.
Seltsam, dass dich das schockiert.
Hast du selber komponiert!"

„Wurm, die Teufelsmelodien,
die mein armes Hirn durchziehen,
unerbittlich, penetrant,
bringen mich um den Verstand!"

„Ich tu nichts als meine Pflicht.
Dein Verstand, der juckt mich nicht."

„Deine Ohrwurm-Pflicht erfüllen
darfst du ja. Um Himmels Willen
tu's auf rücksichtsvolle Weise.
Sing piano - das heißt leise."

„Wenn's dich nervt, was kümmert's mich?"
So ein edler Wurm wie ich,
von der pflichtbewussten Sorte,
ignoriert niemals ein Forte!"

„Wurm, du musst nicht dauernd laufen.
Willst du nicht einmal verschnaufen?"

"Hör mal, du Kulturbanause!
Steht da etwa eine Pause?"

Schließlich ist das Stück zu Ende.
Selig reib ich mir die Hände.
Doch der Ohrwurm, rotzig frech,
grinst: „Da hast du aber Pech.
Werd nicht wanken und nicht weichen.
Ätsch, ein Wiederholungszeichen!"

SCHLUCKAUF UND AB

Neulich nach dem Mittagessen
Hat ein Schluckauf mich besessen.
Turnt die Kehle rauf und runter,
hält bis Mitternacht mich munter.
Die Verlegenheit war groß.
Wie werd ich den Schluckauf los?

Wasser trinken? Luft anhalten?
Bonbons lutschen, Hände falten?
Niesen, Singen, lautes Lachen,
Purzelbaum und Kopfstand machen?
Wie es heißt, ist auch von Nutzen
Gurgeln oder Zähneputzen.
Alles habe ich probiert.
Nichts hat funktioniert.

Rufe ich beim Doktor an:
„Helfen Sie mir, guter Mann!
Gegen einen Schluckauf – hicks! –
kennen Sie da gute Tricks?"

"Selbstverständlich. Das Problem
kenne ich. Unangenehm.
Schwer zu heilen, will mir scheinen.
Hatte kürzlich selber einen."

„Gut, da kann ich Rat bekommen.
Und? Was hab'n Sie unternommen?"

„Will man sich vor Schluckauf retten,
schluckt am besten man Tabletten.
Ich nahm sieben Aspirin,
spritzte mir Penicillin,
nahm ein feuchtes Tuch zur Kühlung,
machte eine Magenspülung."

„Doktor, bin total begeistert,
wie ein Profi Schluckauf meistert!
Warten Sie, ich komm vorbei.
Kosten sind mir einerlei."

„Seien Sie nicht enthusiastisch.
Der Erfolg war nicht bombastisch.
Bleiben Sie getrost zu Haus.
Sagen wir es rundheraus:
Gegen einen Schluckauf – hicks! –
hilft der beste Doktor nix."

SYMPHONIESISCH

Das Niesen putzt die Nase rein.
Und niesend bist du nie allein.
Denn Niesen, trotz der Nase Nässe,
erregt stets öffentlich Interesse.
Man bangt mit dir und ist entzückt,
wenn endlich dir der Durchbruch glückt.

Es schläft, in seiner Höhle tief versteckt,
der Nies, bis irgendwas ihn weckt.
Er räkelt sich, schlägt seine Augen auf
und denkt: „Ich muss mal wieder rauf."
    Rachen öffnen, Augen kneifen,
    schon mal nach dem Schnupftuch greifen,
    Stirne runzeln, Nase rümpfen
    und Grimassen wie beim Impfen
    sind ein absolutes Muss
    für den wahren Nies-Genuss.

Schon sieht der Nies das Tageslicht,
schreit „Haaa!", doch weiter kommt er nicht.

Ein Nies ist zäh und gibt nicht auf.
Und schon beginnt sein zweiter Lauf.
Im Stadion die Menge harrt.
Die Läufer stehen schon am Start.
Das Publikum, es fiebert mit
Man fragt sich: „Ist er heute fit?
Packt unser Nies es dieses Mal?"
Da hört man schon das Startsignal.

    Anfangs liegt er etwas hinten,
    holt gewaltig auf beim Sprinten.
    Nur ein halber Meter trennt
    ihn vom stärksten Konkurrent.
    Biegt schon in die Zielgerade:
    „Haaa!" er taumelt, stürzt. Wie schade!

Es hat, auch wer nicht niesen kann, Genossen -
in seinem Leiden nämlich. Wild entschlossen,
im dritten Anlauf es zu schaffen,
greift unser Nies jetzt zu den Waffen.

Rückt mit seinen Truppen vor,
richtet das Kanonenrohr
auf den Feind, der heftig zittert
und den Hinterhalt schon wittert.
Wild ertönt das Kampfgeschrei:
„Haa – haa - haaa!" Es ist vorbei.

Es war ein ehrenvoller Kampf.
Verflogen ist der Pulverdampf,
da kommt, besiegt doch nicht gebrochen,
der Nies schon wieder angekrochen.

Kitzelt zärtlich deine Lunge,
schlängelt sich um deine Zunge.
packt voll Leidenschaft die Nase.
Und es naht sich die Ekstase.
Nasenflügel bebt, es funkt,
nähert sich dem Höhepunkt,
stöhnt und keucht: „Haa-tschi!"

Jetzt klingt die ganze Symphonie.
Es sprüht ein sanfter Nieselregen
Dem werten Publikum entgegen.
Der Nies kriecht, glücklich wenn auch matt,
zurück in seine Höhle, siegessatt.

EIN REIM AUF RÜLPS
(Gruß an Günter Sopper)

Als ich meinem Freund erzählte,
welche Themen ich mir wählte
für die neuesten Gedichte,
wo in Versen ich berichte,
von den kleinen Widrigkeiten
die im Alltag uns begleiten -

Ohrwurm, Schluckauf und so Sachen,
die das Leben schwer uns machen -
da sagt mein Freund: „Ich weiß 'nen Stoff -
sehr inspirierend, wie ich hoff.
Du musst was übers Rülpsen schreiben."

„Igitt!", schrei ich. „Das lass ich bleiben!
Was sollen denn die Leser sagen?"
Doch er versetzt: „Du musst es wagen!
Fürs Marketing ist Rülpsen genial,
so herrlich unästhetisch – ein Skandal!
Und wenn der Leser sich die Haare rauft,
wird dein Gedichtband garantiert gekauft."

„Ich weiß nicht. Und das Hauptproblem:
Zum Reimen ist das Rülpsen unbequem."
Er nickt: „Ein Reim auf Rülps ist schwer.
Da muss ein guter Dichter her!
Mein lieber Freund, dir trau ich's zu.
Wer fände einen, wenn nicht du?"

Nach so viel Lorbeer stand ich in der Pflicht.
Kein Ausweg führt vorbei an dem Gedicht.
Mit harter Arbeit ist es mir geglückt.
Ich hab ihm stolz mein Werk geschickt:

Du kleines Vöglein, wenn du tschilpst,
so ist das süß. Doch wenn du rülpst,
so ist das einfach widerlich.
Ach, sing doch nicht so liederlich.
Bedenk', wenn du im Grab vergilbst,
hast du für immer ausgerülpst.

Lieber Christian,

vielen Dank, ich fühle mich geehrt,
wenngleich das Thema mir verwehrt,
mich damit zu identifizieren –
nein besser noch: zu infizieren,
denn leicht kann es in einem Verein
von vielen Rülpsern ansteckend sein!

Dass ich dich damit inspiriert,
dafür hab ich mich sehr geniert.
Wann hörtest du mich rülpsen je?
Schon der Gedanke tut mir weh!
Ich meinte nur, ich kenne wen,
der kennt auch dieses Phänomen...

"Igitt!" hast du auch nicht geschrien –
da seist der Lüge du geziehen!
Und dass du Vögel rülpsen lässt,
dagegen erhebe ich Protest.
Beim Vögeln mag es zwar passieren,
bei Vögeln ist es zu negieren.

Doch find' ich jeder Ehre bar,
verschweigst du meinen Kommentar,
und dass du – das ist ganz gemein! –
dies ins Gedicht schon schreibst hinein!
So bin ich wehrlos dem Verlauf –
und rülpse – nein, ich stoße auf!

An deinem Anstoß erregenden
Aufstoßen Anstoß nehmender
Freund Günter

KURZ UND GUT

Gestern abend litt ich sehr,
denn ein Lüftlein saß mir quer.
Irgendwo im Darm ein Zwicken,
in dem dünnen oder dicken,
in dem dicken oder dünnen -
jedenfalls ganz tief da drinnen.

Habe mich vor Schmerz gewunden.
Plötzlich war es dann verschwunden.
Und kein angenehmer Duft
schwebte durch die Abendluft.
Zum Glück ist so ein Furz
in aller Regel kurz.

GEIST UND MATERIE

Ein Freund gab mir den gut gemeinten Rat:
"Mensch, geh doch mal zum Homöopath.
Der nimmt sich Zeit, um dein Befinden
in Einzelheiten zu ergründen.
Er hält rein gar nichts von Chemie.
Er gibt dir kleine Globuli
mit einem Stoff, der ist so dünn,
da ist schon gar kein Stoff mehr drin.

Zur Medizin wird ihm das Gift,
weil er das rechte Mittel trifft.
Das Gleiche heilt er mit dem Gleichen,
da muss die schlimmste Krankheit weichen.
Es bleibt der Mensch für immer jung.
- falls nicht, ist das die Erstverschlimmerung.

Die Kügelchen, daran ist nicht zu rütteln,
sind heilsam, und das kommt vom Schütteln,
vom Potenzieren, wie das heißt.
Da wird Materie zu Geist."

Es werde selig, wer das glaubt.
Ich schüttle lieber stumm mein Haupt
und möchte dieses Potenzieren
noch eine Stufe weiter führen:
Ist es der Geist, dann wirkt das Zeug bestimmt
am allerbesten, wenn man's gar nicht nimmt.

Ihr könnt mir's glauben, liebe Leute.
Das Mittel hilft. Ich leb noch heute.

WEISHEIT DER STERNE

Entschuldigung, darf ich es wagen,
nach Ihrem Sternzeichen zu fragen?

Ach, wissen Sie, ich glaub nicht an die Sterne.
Doch wenn Sie raten wollen: gerne!

Das ist sehr freundlich. Nun ich sage
es Ihnen auf den Kopf zu: Waage!

Weil ich so höflich und harmonisch bin?
Das mit der Waage haut nicht hin.

Das wundert mich. Ja, also dann
sind Sie bestimmt ein Wassermann.

Anscheinend irren sich die Sterne.
Ich gebe ich zu, ich schwimme gerne.

Aha! Sie nehmen es genau.
Der Fall ist klar: Sie sind Jungfrau.

Auch diesmal muss ich sagen: nein.
Bestimmt fällt Ihnen noch was ein.

Allmählich ahne ich es schon.
Sie sind so intensiv: Skorpion!

Weil ich mit meinem Stachel spritze?

Jetzt hab ich es: Sie sind ein Schütze.

Kopf hoch, es sind ja nicht mehr viel.

Astrologie ist sehr subtil.
Es gibt, sagt mir die Intuition,
bei Ihnen ein Merkur-Trigon
und ganz bestimmt Saturnquadrate.

Und wenn ich's Ihnen jetzt verrate?

Ach, heute bin ich nicht gut drauf.
Es klappt sonst immer. Ich geb auf.

Ich bin im Mai geboren, also Stier.

Ja, ja, ein Stier, das dacht ich mir.
Im übrigen: Wer Horoskope kennt,
der weiß: entscheidend ist der Aszendent.

DER DENKER

Der Mensch ist klüger als die Affen.
Das Leben scheint ihm rätselvoll.
Drum hat er Regeln sich erschaffen,
wie er sich denn benehmen soll.

Doch finden sich stets auch die Frechen,
die mutwillig die Regeln brechen.
Ist die Gesellschaft regelhaft,
benimmt man sich gern flegelhaft.

Nun weiß man schon seit Kant und Hegel,
dass just die Ausnahme die Regel
in aller Regel nur bestätigt.
Wer regelwidrig sich betätigt
und glaubt, dass er die Regel bricht,
tut also gerade dieses nicht.

Dass aber eine Regel überhaupt
nicht die geringste Ausnahme erlaubt,
ist zwar nicht auszuschließen. Allgemein
wird das jedoch wohl nicht die Regel sein.

Wir müssen also zum Ergebnis kommen:
Die Regel selbst ist niemals ausgenommen -
von Ausnahmen mal abgesehen.
Ich weiß, das ist nicht einfach zu verstehen.

Es ist doch evident: Wenn es geschieht, dass ich die eigene
Regel breche, die es erlaubt, dass ich mir ausnahmsweise
einmal selber widerspreche, so kriegt natürlich jeder
Philosoph, der so wie ich durchs Meer des Tiefsinns segelt,
auch Widersprüche, die, wie Kant schon sagt, der Ausnahme
an sich ja inhärent sind, mühelos geregelt.

So viel zum Thema Ausnahme und Regel.
Ich halte mich an Friedrich Hegel.
Der dachte manchmal auch so hektisch.
Er nannte das dann dialektisch.

GEBRAUCHSANWEISUNG

Ein guter Kauf! Ihr neuer Kasten
hat viele interessante Tasten
zu einem attraktiven Preis,
die einen schwarz, die andren weiß.

Drückt man da drauf - Sie ahnen schon! -
so hört man plötzlich einen Ton.
Und klingt der eine Ton zu einsam,
so drückt man mehrere gemeinsam.

Man nimmt die Töne, die man will.
Das klingt mal hübsch, mal eher schrill.
Aus achtundachtzig treffen Sie die Wahl.
Ganz unten gibt es ein Pedal.
Sie treten einfach drauf und lauschen:
Der Kasten fängt jetzt an zu rauschen!

Der Laie meint, den Kasten zu bedienen
sei schwer. Doch ich versichere Ihnen:
Die Sache ist in Wirklichkeit
ganz einfach: Wer zur rechten Zeit
die rechte Taste runterdrückt
- was jedem unsrer Kunden glückt -
der hat die Sache voll im Griff.

Damit der Klang den letzten Schliff,
bekommt, darf man es nicht verpassen,
die Tasten auch mal loszulassen.

Das wars! Viel Spaß mit Ihrem Kasten!
Und gibts Probleme mit den Tasten,
was - selten zwar - passieren kann,
dann rufen Sie die Hotline an.

SELBERDENKEN

Es produziert das Menschenhirn
von früh bis spät Gedankenzwirn.

Es quillen aus den Windungen
die nützlichsten Erfindungen.
Und leider schafft das Denkorgan
auch Dummheit, Hass und Größenwahn.

Ein Wurm gehört nicht zu den Hellen.
Er hat nur tausend Nervenzellen.
Die haben Forscher längst kartiert.
Bei ihm läuft alles wie geschmiert.

Wir Menschen aber, geht was schief,
sind aggre- oder depressiv.
Trotz Seroto- und Melanin
entwickelt mancher einen Spleen.
Und knistert's heftig im Gehäuse,
dann sieht man weiße Mäuse.

Descartes schrieb: Denkste? Also biste!
Milliarden Zellen hat die Kiste,
und die sind raffiniert verknüpft.
Beim Suchen nach der Lösung hüpft
man von Synapse zu Synapse,
bis das Gehirn dann meldet: Hab'se!

Ein Hirn zu haben, ist bequem.
Es gibt da leider ein Problem:
In keinem Buch und keiner Zeitung
steht die Gebrauchsanleitung.

Wie bringt man das Gerät zum Funktionieren?
Das muss der Kunde ausprobieren.
Nur Mut! Du musst dich nicht verrenken.
Versuch es mal mit: Selberdenken.

Tiere sind

auch nur Menschen

DER LACHENDE DRITTE
(Gruß an Christian Morgenstern)

Auf einem winterkalten Ast
da machten einst zwei Vögel Rast.
Ein Specht der eine, er saß rechts,
ein Fink zur Linken dieses Spechts.

Da kam ein kleiner frecher Spatz,
der suchte einen warmen Platz.
Er überlegte hin und her,
was hier denn wohl das Beste wär.

„Sitz ich zur Linken dieses Finks,
wärmt der von rechts, nur frier ich links.
Wärmt mich hingegen links der Specht,
so frier ich rechts. Und das ist schlecht."

Es pfiff der Wind, es fiel der Schnee.
Ihm kam die rettende Idee.
Er zwitscherte: „Es lacht der Dritte.
Ich setz mich einfach in die Mitte."

TIERISCH ALLZU TIERISCH

(1) DAS NASHORN

Es hätte gern die Nas' vorn.
Doch leider ist das Nashorn,
sieht man es einmal anatomisch,
am Kopf ein bisschen komisch.

Bei uns sitzt eine Nase vorn,
bei ihm jedoch ist vorn das Horn.
Am andern Ende ist es so
wie wir. Da hinten ist sein Po.

(2) DAS NILPFERD

Das Nilpferd ist entsetzlich faul.
Es öffnet seinen Rachen.
Der Wärter stopft ihm was ins Maul.
(Was soll er sonst auch machen?)

Das Nilpferd sabbert munter,
es klappt den Kiefer runter
und geht dann gurgelnd unter.

3) DIE VOGELSPINNE

Ihr meterlanger Faden klebt.
Die Vogelspinne webt und webt
nach mathematischem Gesetz
ihr Vogelspinnennetz.

Die Beine sind beweglich,
dick und ganz behaart.
Ich finde das ja eklig,
der Spinnenmann apart.

Acht Stück davon! Das müsste langen
(falls nicht die Fäden reißen)
um sogar Vögel einzufangen.
Warum soll sie denn sonst so heißen?

(4) (A)MEISE

Die Meise gibt es mit und ohne A.
Du fragst: was war als erstes da?

Wurd' einmal eine Ameise geboren
und hat sie dann - durch Mutation - das A verloren?
Gab es so viele Meisen gleicher Federkleidung,
dass man sie alphabetisch ordnete - zur Unterscheidung?

Ich wüsste nicht, wie so was zu beweisen wär.
Vielleicht gelingt das einem Forscher mal.
Ich weiß nur eines: dem Améisenbär
sind solche Fragen schnurzegal.

(5) HOMO

Da wäre noch ein Tier. Man nennt's
gewöhnlich Homo Sapiens.
Wobei schon Wissenschaftler schrieben,
der Name sei wohl übertrieben.

Der Mensch gibt sich zwar große Mühe,
was ehrenwert und löblich ist.
Doch machen Menschen, wie die Kühe,
auch einen Haufen Mist.

GRENZEN DES WACHSTUMS
(Gruß an Charles Darwin)

Giraffen haben einen langen Hals
und lange Beine ebenfalls.
Sie tragen ihre Köpfe hoch erhoben
und kommen dadurch sogar an die Blätter ganz weit oben.

Die Bäume ihrerseits sind auch nicht faul.
Aus Angst vor dem Giraffenmaul
streckt sich der Baumstamm in die Höhe.
(Für Bäume sind Giraffen wie für uns die Flöhe.)

Der Kampf wogt seit Äonen hin und her.
Die Stämme wachsen, und die Hälse hinterher.
Für die Giraffe ist das unbequem.
Und auch die Bäume sahen ein: Wir haben ein Problem.

So traf man sich zu einer Konferenz,
um endlich die fatale Konkurrenz
zum Vorteil beider Seiten abzuschaffen.
Unglaublich! Bäume sprachen mit Giraffen!

Das Motto hieß: Evolution nach Plan!
Sie riefen: Nieder mit dem Wachstumswahn!
Und sie begannen, Argumente auszutauschen.
(Es klang wie Hufgetrappel oder Blätterrauschen.)

Man fand trotz manchem Hindernis,
am Ende einen Kompromiss,
damit Giraffen sich nicht mehr verrenken
und Bäume nicht mehr ständig nur ans Wachsen denken.

Willst du das sehen? Fahr nach Afrika!
Inzwischen gibt es statt Giraffen da
in lichten Bonsai-Wäldern muntre Rudel
gelbbraun gefleckter Möpse oder Pudel,
die friedlich grasen, dabei sabbern,
doch selten nur ein Blättlein knabbern.

DSCHUNGELSINFONIE
(Gruß an Walter Grund)

Es war einmal ein Elefant,
der eine Ukulele fand.
Und auch noch Ukulelen-Noten.
Geschickt begann er mit den Pfoten
an zarten Ukulelen-Saiten
bedächtig auf und ab zu gleiten.

Er rief begeistert: „Diese Töne!
Sind es nicht wunderschöne!
Und das war erst die Vorbereitung.
Es klingt noch etwas nach Begleitung.
Jede blöde Affenhorde
spielt nichts andres als Akkorde.

Für mein Talent ist das zu wenig.
Bin ich denn nicht der Tiere König?
Elefantös ist mein Genie.
Ich brauche eine Melodie!

Zum Glück besitz ich nicht alleine
vier schöne Elefantenbeine.
Ich habe fünf Extremitäten!
Da kann ich obendrein trompeten."

Gesagt, getan. Er hob den Rüssel.
Dank einem zweiten Notenschlüssel
und meisterhaftem Arrangement
im Urwald nun Musik erklang,
wie sie noch nie erklungen war
im ganzen weiten Afrika -
so schön, dass man's nicht dichten kann.
Wir hören uns das jetzt mal an!

(es folgt eine Nummer für Kazoo und Ukulele)

WILLKOMMENSKULTUR

Eine Schneeflocke entstand,
geschaffen wie von Zauberhand,
hoch oben in den Stratosphären
(metereologisch zu erklären).

Sie fiel herab. Der Weg war weit.
Oh je, sie fiel zur falschen Zeit!
Denn Flocken geht es, das ist klar,
am besten so im Januar.

Und ist dann, spätestens im Mai,
die schöne weiße Pracht vorbei,
dann gibt es nur noch Flockenfrust.
Das Dumme war: man schrieb August.

Verzweifelt streckte sie die Arme,
die hübsch gezackten, aus ins Warme.
Sie hatte Glück. Denn ist es heiß,
dann essen Menschen gerne Eis.

So war, dank Eisverkäuferstand,
die tödliche Gefahr gebannt.
Die Flocke schlüpfte blitzeschnell
zu Himbeereis und Straciatell.

Und dort war sie in Sicherheit.
Leider nur für kurze Zeit.
Frau Müller sagte: Himbeereis!
Der armen Flocke wurde heiß.

Am Ende ging die Sache gut.
Die Flocke voller Todesmut
sprang in die Waffel, und sie raunte:
"Retten Sie mich!" Frau Müller staunte.

Doch hat sie ohne viel zu fragen
den fremden Gast nach Haus getragen.
Jetzt hat die Flocke ihre Ruhe
und wohnt in Müllers Tiefkühltruhe.

Wörtliche

Betäubung

DER DIE DAS

Artikel - *das* und *die* und *der* -
die machen dem das Leben schwer,
der zu uns kommt aus fremdem Land,
wo solche Tücken unbekannt.

Er hört zunächst ganz pädagogisch,
im Grunde sei die Sache logisch.
Der Mann ist männlich - sieht man ein.
Die Frau ist weiblich - muss so sein.

Das Kind - da wird die Logik schwächlich -
ist weder noch; es gilt als sächlich.
Der Junge - logisch! Dann wird's krass:
Beim Mädchen heißt es plötzlich *das*.
Warum ist Neutrum auch *das* Weib,
wenn doch so weiblich ist sein Leib?

Und völlig ohne Sinn und Zweck
sind die Artikel beim Besteck:
Die Gabel - daran sticht man sich -
symbolisiert doch wohl das Maskuline.
Der Löffel, rund und mütterlich,
steht der nicht für das Feminine?

Und Messer, denkt man instinktiv,
sind kampfbereit und aggressiv.
Da ist doch männlich wohl *das* Messer!
Die deutsche Sprache weiß es besser.

PLURALISMUS

Es lebt, am Ayers Rock und nicht am Úral,
ein wunderliches Tier, das Känguruh.
Sehr problematisch ist sein Plural.
Ich weiß ihn nämlich nicht. Und du?

Man sagt doch: eine Kuh, zwei Kühe.
Da wäre logisch Kängurühe.
Auch Känguruhe wär plausibel.
Doch Känguruhs? Da wird mir übel.

Altphilologen-Akribie
plädiert bestimmt für Känguri.
Das überzeugt mich nicht. Und Känguruden,
die find ich nicht in meinem Duden.

Ach, lassen wir die Wortergüsse,
die Känguras und Kängurüsse.
Vermeide jegliche Beschwerde
und sage : Känguruh-Herde.

DOPPEL DEUT ICH

(1) Vorm Safe ein dickes Zahlenschloss
und drinnen Geld zuhauf.
Da sagt der Panzerknackerboss:
"Kommt, Jungs, wir *brechen auf*!"

(2) Es stürmt der Mittelstürmer fort,
entledigt sich der Kleidung
an einem kleinen, stillen Ort.
Jetzt kommt die *Endausscheidung*.

(3) Der *Radiowecker* - deshalb heißt er so -
er weckt nicht mich. Er weckt das Radio.
Und selig schlummernd träume ich.
Zu dumm: Das Radio weckt dann mich.

(4) Schon damals in der Schule hatte
ich einfach keine Lust auf Mathe.
Das *Wurzelziehen* fand ich gräulich.
Auch mein Zahnarzt tat das neulich.

Am schlimmsten waren die *Potenzen*.
Da dachte ich dann nur ans Schwänzen.
Manchmal lieg ich jetzt im Bette
und denk, dass ich gern eine hätte.

(5) Es heißt, man könne Antioxydanzien
zur Krankheitsprophylaxe gut heranziehen
und durch Genuss von Heidelbeeren
des Körpers Abwehrkräfte mehren.

So lasse sich Gesundheit leicht erlangen,
weil Beeren *freie Radikale fangen*.
Ich geb das weiter an die Polizei.
Mit Baader-Meinhof ist es dann vorbei.

(6) Beim Backen, Kochen oder Putzen
sind Haushaltsutensilien von Nutzen.
Geschickt sind Spargelschäler, Eierlocher,
auch Käsehobel, Honigquirl und Wasserkocher.

Ich frag mich bloß, was man
mit einem *Pfannenwender* tut.
Die Pfanne wenden, wozu ist das gut?
Bei meinen praktischen Versuchen
fiel immer raus der Pfannekuchen.

ES HÖRT EIN SATZ

Es hört ein Satz,
wie jeder weiß, der gerne liest,
und einen solchen, sei er auch komplex, genießt,
weil er gelassen, ohne Hetze,
sich pflügt durch seine Nebensätze,
die, weil sie nicht mit Tinte geizen,
das Hirn erquicken, fördern, reizen,
das lustvoll übers Wortgetümmel schwebt
und eifrig hin zum nächsten Komma strebt,
um in der Wörter Stromesschnellen
den Sinn des Satzes zu erhellen,
was dem, der klug den Schachtelsatz bezwingt,
mit etwas Mühe auch gelingt,
sofern der Dichter nicht bloß Wörter sät,
vielmehr die Fäden, die er knüpft vernäht,
um jeglichen Grammatikängsten
zu trotzen, denn zum Glück, den längsten,
aus Phrasen kunstvoll aufgetürmten Satz,
und böte er auch noch so üppig Platz
für Parenthesen, Schleifen, Schlingen
- die nur dem Kenner der Materie gelingen -
ereilt das Schicksal, dass der Worte Strom zum Schluss,
hat er das Meer erreicht, erschlafft, des Dichters Redefluss,
erschöpft von all der Weisheit, die er wortgewandt verkündet,
im Ozean der Stille mündet,
und somit hört er
- wie gesagt: der Satz -
zu guter letzt,
in diesem Falle hier und jetzt
(Es spürt der Leser:
meiner Verse Lauf
ist bald am Ziel!),
er hört
- was bleibt ihm übrig? -
auf.

VERS-EHEN

(1) Mein Marketing wird täglich reger.
     Vor kurzem schick ich dem Verleger
     Gedichte: „Woll'n Sie die verlegen?
     Das wäre für die Welt ein Segen."

     Am nächsten Tag ruf ich deswegen
     ihn an und frage aufgeregt:
     „Sie haben sich das überlegt?
     Bestimmt hat Sie mein Stil bewegt!"

     Er stottert und bekennt verlegen:
     „Ich hab Ihr Manuskript verlegt."

(2) Im Ehe-Alltags-Einerlei.
     ist manchmal etwas Frust dabei.
     So manchem Paar ist das Verlangen
     im Lauf der Jahre mit vergangen.

     Und plötzlich wird den beiden klar,
     dass das Versprechen vorm Altar
     wohl eher ein Versprechen war.

(3) Im medizinischen Betrieb
     kann es nicht gänzlich unterbleiben,
     dass zwar die Diagnose im Prinzip
     korrekt ist, aber beim Verschreiben
     der Mediziner sich verschreibt
     und in der Hektik, auf die Schnelle,
     verwechselt eine Kommastelle –
     so dass der Kranke auf der Strecke bleibt.

NICHT NUR DIE JÄGER SCHIESSEN

Wenn Pilze aus dem Boden schießen,
will jeder Pilzfreund sie genießen.
Um seine Freunde zu verdauen,
muss er sie in die Pfanne hauen.
Die Ärmsten setzen sich zur Wehr,
sogar noch Stunden nach Verzehr.

Der grünblättrige Schwefelkopf
gehört nicht in den Suppentopf.
Von Fliegenpilz und Hartbovisten
ernähren sich nur Optimisten.
Ganz harmlos tut der Knollenblätterpilz.
Er ruiniert die Leber und die Milz.

Und *einen* fand ich hundsgemein:
auf Satansröhrling fiel kein Reim mir ein.
Ganz anders als der Bambus-Trichterling:
ein Kinderspiel für jeden Dichterling.

Die Vorsicht niemals zu vergessen
beim Sammeln wird zu Recht empfohlen.
Man kann natürlich alle Pilze essen.
Nur manchmal - lässt sich das nicht wiederholen.

SCHWÄBISCH FÜR FORTGESCHRITTENE

"Mach ich Pause oder putz ich?
Das Buffet: schon wieder schmutzig!
Hinten unterm Sofa, glaub ich,
ist es auch entsetzlich staubig.

Flusen auf der Fensterbank!
Dieser Dreck, der macht mich krank.
Dem Kampf mit garstig Spinneweben
widme ich beherzt mein Leben."

Das Herz versagt. Sie sinkt hernieder.
Auf ihrem Grabstein steht: Sie kehrt nie wieder.

VIER VIERZEILER MIT FIER FEHLERN

(1) GRUND ZUR FREUDE

Ich freue mich,
denn ich bin ich.
Und eines weiß ich sicher:
Keiner ist icher.

(2) GESCHEITERN

Von Erfolgen und von Siegen
kannst den Hals du voll nicht kriegen.
Glücklich der, den es erheitert,
wenn er auch mal scheitert.

(3) FROMMER WUNSCH

Ich kann Heilige nicht leiden,
finde Himmel unausstehlich.
Meine Ziele sind bescheiden.
Sprecht mich lieber selig.

(4) BESSER

Witze über andre machen
gilt als Zeichen von Humor.
Besser, über sich zu lachen.
Der Stoff hält länger vor.

(5) FEELERTEUFEL

Ich bin der Fehlertäufel.
Ich liege im Detail.
Und ich bin ohne Zweifel
gesund fürs Seelenheil.
Macht man alles richtig,
nimmt man sich zu wichtig.

Skeptisch

bis antiseptisch

IM ERNST

Ich bin ein altes Lästermaul.
Ich spotte gern und gut.
Und manchmal geht der Lästergaul
mir durch. Sei auf der Hut.

Ich pfeife, wenn es mir gefällt,
auf Teufel, Mensch und Gott.
Fast alles auf der weiten Welt
verträgt ein bisschen Spott.

Was soll man Zetern oder Klagen
wie seinerzeit Xanthippe?
Das Schwere lässt sich leichter tragen,
nimmt man es auf die Schippe.

Das Schreien hat doch keinen Sinn.
Die beste Kuh macht ihren Mist.
Nur gut, dass Vieles immerhin
zum Schreien komisch ist.

Die Erde ist kein Paradies.
Und oft muss man sich balgen.
Humor hilft, geht's uns Menschen mies,
zur Not auch unterm Galgen.

JAHRESRINGE

Wenn eine Schwalbe keinen Sommer macht,
macht ein Geburtstag dich nicht alt.
Wer über seine Jahresringe lacht,
dem wird im Herbst nicht gar so kalt.

Wer Falten hat, kann sich entfalten.
Wer will schon seine Babyhaut behalten?
Und gegen Zipperlein und Runzeln
hilft eigentlich nur eines: Schmunzeln.

Zerzausen dich auch Wind und Wetter,
solange sich erwärmt dein Herz,
lass sie nur fallen, deine Blätter!
Neue gibt es dann im März.

LEBENSLÄNGLICH VERGÄNGLICH

Wir altern. Innen weniger als außen.
Wir wundern uns: die Menschen draußen
sind Jahr für Jahr ein bisschen jünger.
Die stärkste Eiche wird zu Dünger,
das härteste Metall zu Rost,
und Menschen werden zu Kompost.

Das wurmt uns und es klingt abscheulich.
Doch für den Wurm ist das erfreulich.
Wir sind lebendig, aber nicht von Dauer.
Bedauerlich. Doch Grund zur Trauer?

Man muss ja nicht für immer leben.
Auch früher hat's uns nicht gegeben.
Und jeder der bisher verschwunden,
hat sich am Ende damit abgefunden.

VIER THEOLOGELEIEN

(1) HIMMEL UND HÖLLE

Willst du wirklich in den Himmel?
Magst du Engel und Gebimmel?
Die Hölle ist das Interessante.
Da trifft man garantiert Bekannte.

(2) NACHSITZEN FÜR ERWACHSENE

Ich bitte, mich mit Reinkarnationen
in Zukunft freundlich zu verschonen.

Die zweite Runde würde nichts verbessern
und das Erlebnis nur verwässern.
Ich mag es zwar, das bunte Treiben.
Doch möchte ich nicht sitzen bleiben!

Wer wiederkommt, fühlt sich gehetzt.
Nein, vielen Dank, ich lebe jetzt!
Ich seh' das ziemlich optimistisch,
man könnte sagen: halb-buddhistisch.

Ich plane, habe ich genug gesehen,
sofort in das Nirvana einzugehen.

(3) NÄCHSTENLIEBE

Dass man den Nächsten lieben soll,
ich gebe zu: klingt erstmal toll.
Doch schnell wird mir die Lehre fraglich,
denn mancher Nächste ist mir unbehaglich.

Wünscht man Tyrannen oder Banker,
Ganoven oder Trump zum Henker,
so ist das wohl nicht übertrieben.
Muss man die auch noch lieben?

Wir sollten denen, die die Welt versauen,
freundlich auf die Finger hauen,
bevor sie unsre Erde ruinieren.
Die Liebe kann man dann für andre reservieren.

(4) KURZ VOR ACHT

Kurz vor den Nachrichten, geschickt platziert,
gibt es für jeden, der sich informiert
(und gerade noch im Schlummer lag),
allmorgendlich das *Wort zum Tag*.
Da hört man zu, das lässt sich kaum vermeiden.
Der Weisheitsgrad ist oft bescheiden.

Versucht der Pfarrer auch zu glänzen,
es hält der Tiefsinn sich in Grenzen.
Und gibt er sich modern und locker,
reißt das allein mich nicht vom Hocker.

Das plätschert, mahnt und tut erbaulich,
ist aber - auch mit Kaffee - unverdaulich.
Nach drei Minuten bin ich fast erledigt.

Aus Nächstenliebe währt die Predigt
nicht ewiglich. Es folgt sofort
was Besseres: Der *Tag zum Wort*.

BEST BEFORE

Du merkst es dann im Lauf der Jahre:
Du bist, wie jede andre Ware,
zwar nahrhaft, aber auch verderblich,
- möglicherweise sogar sterblich.

So spickelst du von Zeit zu Zeit.
Da steht es: Mindesthaltbarkeit.
Das Datum siehst du nicht genau,
Trotzdem wird dir etwas flau.

Ist die Verpackung auch zerknittert,
die Politur schon leicht verwittert,
sieht man auch Spuren von Gebrauch
- zu wenig Haare, dafür Bauch -,

was soll's? Die Tube hält noch dicht.
Und den Genuss stört alles nicht.
Geht's uns am Ende wirklich schlecht,
bleibt immer noch ein Rücktrittsrecht.

LETZTE FRAGEN

Es sucht der Mensch seit alters her
des Daseins Urgrund. Das ist schwer.

Der *Mann* forscht nach dem Lebenssinn
und nach den Rätseln dieser Welt:
Wo komm ich her? Wo geh ich hin?
Wo habe ich mein Auto abgestellt?

Die *Frau* fragt nach dem Lebenssinn
ganz anders als der Mann:
Wo komm ich her? Wo geh ich hin?
Was ziehe ich heut abend an?

GLÜCK UND GLAS

Glas ist hübsch, doch auch zerbrechlich.
Glück ist leider etwas schwächlich,
und das Leben ziemlich frech.

Manches, was geschieht, ist hässlich,
Doch vergiss nicht: auch das Pech
ist zum Glück nicht sehr verlässlich.